Strickhasen & Stoffkatzen

DORLING KINDERSLEY

DORLING KINDERSLEY
London, New York, Melbourne,
München und Delhi

Gestaltung und Text Jane Bull
Fotos Andy Crawford
Lektorat Carrie Love
Gestaltungsassistenz Hannah Moore
Creative Director Jane Bull
Redaktionsleitung Mary Ling
Herstellung Raymond Williams, Ché Creasey

Bibliografische Information der Deutschen Bibliothek
Die Deutsche Bibliothek verzeichnet diese Publikation in der Deutschen Nationalbibliografie; detaillierte bibliografische Daten sind im Internet über **http://dnb.ddb.de** abrufbar.

Titel der englischen Originalausgabe:
Animals made by me

Übersetzung Wiebke Krabbe
Lektorat Regina Sidabras

ISBN 978-3-8310-2420-9

Printed and bound in China

Besuchen Sie uns im Internet
www.dorlingkindersley.de

Hinweis
Die Informationen und Ratschläge in diesem Buch sind von den Autoren und vom Verlag sorgfältig erwogen und geprüft, dennoch kann eine Garantie nicht übernommen werden.
Eine Haftung der Autoren bzw. des Verlags und seiner Beauftragten für Personen-, Sach- und Vermögensschäden ist ausgeschlossen.

Alle meine Tiere

Die Tiere

Gewusst wie

Der Nähkasten

Du brauchst ... Am Anfang jeder Anleitung findest du eine Liste mit allen Materialien, die du für das Projekt brauchst. Deinen Nähkasten solltest du immer zur Hand haben. Hier siehst du außerdem noch einige andere Dinge, die dir nützlich sein können.

Nähzeug

Bewahre dein ganzes Nähzeug ordentlich in einem hübschen Kasten auf.

Nähgarn

Du brauchst Garn in „Tierfarben“ wie Schwarz, Grau und Braun, aber auch Garn in bunten Farben.

Bandmaß

Um am Anfang eines Projekts den Stoff zu messen, oder wenn etwas genau passen muss.

Fingerhut

Wenn du dickeren Stoff benutzt, setze einen Fingerhut auf deinen Mittelfinger und drücke damit die Nadel durch den Stoff.

Nadeln

Sticknadeln mit großem Öhr und runder Spitze brauchst du zum Nähen von Strick. Dünnere Nadeln mit scharfer Spitze werden zum Nähen und Sticken benutzt.

Stecknadeln

Am besten bewahrst du sie in einem selbst gemachten Nadelkissen auf.

Schere

Eine kleine, scharfe Handarbeitsschere brauchst du, um Fäden abzuschneiden und kleine Formen zuzuschneiden.

Das kannst du auch gebrauchen:

Zum Zuschneiden großer Stoffteile, zum Ausstopfen von Figuren und zum Verzieren.

Große Schere

Vorlagen und große Stoffteile lassen sich mit einer großen Schere besser schneiden. Sie sollte scharf sein, sonst ist das Schneiden mühsam und die Schnittkanten sehen unordentlich aus.

Zackenschere

Schneidet man Baumwollstoff mit so einer Zackenschere, fransen die Schnittkanten nicht aus. Außerdem sehen die gezackten Stoffkanten hübsch aus.

Stickgarn

Benutze dieses dickere Garn für farbige Verzierungen oder für Nähte, die gut zu sehen sein sollen.

Filz

Filz ist ein toller Stoff. Er lässt sich leicht zuschneiden und die Schnittkanten fransen nicht aus. Er eignet sich prima für kleine Figuren und Gesichter.

Füllwatte

Die Tierfiguren in diesem Buch werden mit weicher Füllwatte aus Polyester ausgestopft, die man auch in der Waschmaschine waschen kann.

Knöpfe

Knöpfe in allen Farben und Größen kannst du für Augen, Nasen und allerlei Verzierungen gut verwenden.

Filzkatzen

Diese freundlichen Katzen haben eine ganz einfache Form und einen flachen, ovalen Boden, auf dem sie sicher stehen.

Kleine Katze

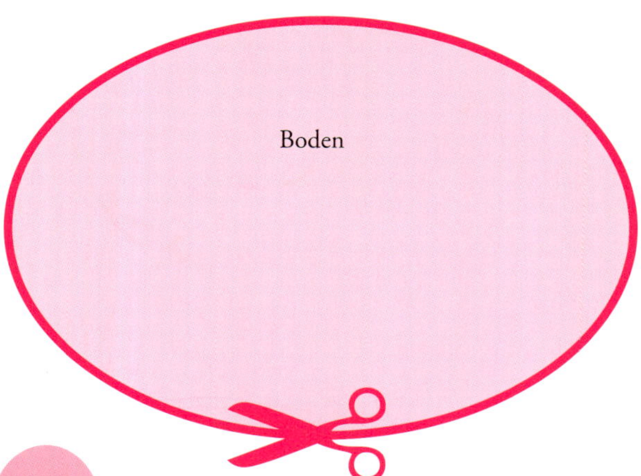

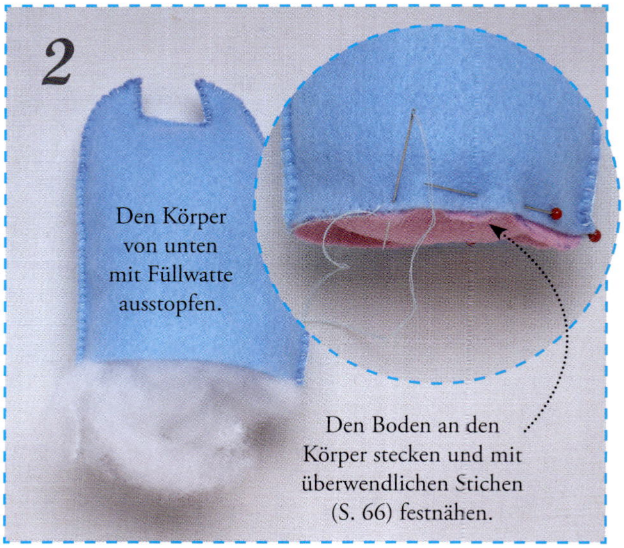

Größer?

Du kannst die Vorlage zuerst mit einem Kopierer vergrößern, dann die Formen aus Papier ausschneiden und als Schablonen benutzen. Für diese Katze wurde die Vorlage um 200 % vergrößert.

Du brauchst

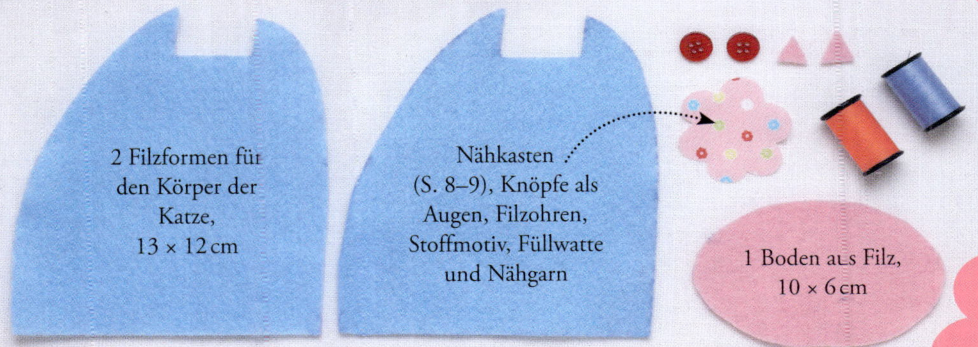

2 Filzformen für den Körper der Katze, 13 × 12 cm

Nähkasten (S. 8–9), Knöpfe als Augen, Filzohren, Stoffmotiv, Füllwatte und Nähgarn

1 Boden aus Filz, 10 × 6 cm

Taschentiere

Für diese witzigen Tierchen wird immer dieselbe Vorlage benutzt. Aber Ohren, Schnabel oder Maul sind bei jeder Figur anders, deshalb sehen alle verschieden aus.

Pause die Formen durch, um ein Schnittmuster zu machen. Wie es geht, steht auf S. 14.

Schweinchen Rosi kommt zu Besuch.

Henris Haus

Schneide einen großen Saftkarton so ab, dass eine Würfelform entsteht. Schneide eine Tür hinein. Beklebe die Seiten mit Filz und lege ein rotes Filzdach obendrauf.

Stelle das Haus auf eine grasgrüne Filzwiese.

Schneide für die Blütenstiele einen Streifen grünen Filz mit einer Zackenkante zu.

Du brauchst

- Filz in verschiedenen Farben, für einen Körper 10 × 8 cm
- Filzreste für Augen und Nasen
- Nähkasten (S. 8–9)
- Füllwatte

Knote einen Schlüsselring an ein Stück Band. Dann nähe das Band an den Hinterkopf.

Eine Sicherheitsnadel festnähen, fertig ist die Brosche.

Tolle Ideen!

Wenn du einen Ring festnähst, kannst du die Tiere an den Schlüssel oder den Rucksack hängen. Nähst du eine Sicherheitsnadel an die Rückseite, wird daraus ein niedlicher Anstecker.

Schnittmuster aus Papier

Lege Transparentpapier auf das Bild auf S. 12. Pause alle Teile einzeln durch: den Körperumriss, die Ohren und den Fleck im Gesicht. Schneide die Formen aus dem Transparentpapier aus und stecke sie auf den Filz. Für größere Figuren kannst du dieselbe Methode anwenden.

Zuerst den Umriss des Körpers durchpausen, dann die Ohren und den Fleck.

Alle Teile ausschneiden.

Die Schnittmuster für andere Tierfiguren kannst du genauso durchpausen und ausschneiden.

So nähst du Henri

Die anderen Figuren werden ebenso genäht. Es ist einfacher, wenn du zuerst das Gesicht auf das Vorderteil stickst und erst danach Vorder- und Rückenteil zusammennähst.

Das Papier auf den Filz stecken.

1

Jedes Ohr, Fleck und Halsband 1-mal zuschneiden.

2

Nimm hierfür nur eins der Filz-Körperteile.

Oben eine Öffnung zum Ausstopfen lassen.

3

Die beiden Teile mit überwendlichen Stichen (S. 66) zusammennähen.

Jetzt ausstopfen.

Die Öffnung am Kopf gut zunähen.

4

Füllwatte sorgfältig bis in die Pfoten schieben.

5

Das Halsband um den Hals legen und festnähen.

Du kannst es auch mit Textilkleber befestigen.

6

Die Ohren oben an den Hinterkopf nähen.

Henris großer Bruder

Du kannst von allen deinen Tieren
auch eine größere Version nähen.

Pause diese Vorlage durch und befolge dann die Schritte der Anleitung für das kleine Tier auf S. 15.

Diese Vorlage kannst du für die große Version aller Tiere benutzen.

Nähe für die großen Ohren zwei Filzstücke zusammen, damit sie besser stehen.

Großer und kleiner Henri

Die großen Tiere sind prima zum Kuscheln. Pause die größere Vorlage durch und nähe das Tier dann genauso wie seinen kleinen Bruder.

Lege die Träger dem großen Tier um den Hals und nähe die Enden zusammen.

Schneide Filzstreifen von 15 × 1 cm für die Träger.

Tragetasche

Schneide ein Stück Filz von 6 × 9,5 cm zu. Klappe das untere Drittel hoch und nähe die Seitenkanten mit überwendlichen Stichen (S. 66) zusammen.

Das kleine Tier soll bequem in der Tasche Platz finden. Vielleicht musst du die Größe der Tasche etwas verändern. Probiere es zuerst mit einem Stoffrest oder einem Stück Papier aus.

Flinke Mäuschen

Schneide einen Kreis aus buntem Baumwollstoff. Dann falte ihn in der Mitte und dein Mäuschen ist schon fast fertig.

Du brauchst

- Baumwollstoff für den Körper, 13 × 13 cm
- Filz für die Ohren • Perlen als Augen
- Nähkasten (S. 8–9)
- Schnur als Schwanz • Füllwatte

Du kannst hübschen, leichten Baumwollstoff oder Filz benutzen.

Schneide einen Kreis mit 11 cm Durchmesser aus.

Ohren aus Filz zuschneiden.

Die Stoffkanten zusammenstecken.

Den Stoff in der Mitte falten.

1

Die Ohren in der Naht festnähen.

Die Kanten bis kurz vor dem Ende zusammennähen.

Mit Stickgarn mit Vorstichen (S. 66) von der Nase zum Schwanzende nähen.

Den Mäusekörper ausstopfen.

2

Ins Ende der Schnur einen Knoten binden.

Den Schwanz in die Öffnung schieben und festnähen.

3

Als Auge eine Perle mit Nähgarn festnähen.

Die Öffnung zunähen und den Faden vernähen.

4

Bunte Mäuse

Stelle Stoffe und Stickgarne in verschiedenen Farben zusammen, entweder Ton in Ton oder mit knalligen Kontrasten.

Extratipp

Nähe zuerst das Perlenauge auf einer Seite fest. Dann stich mit der Nadel durch die Maus und auf der anderen Seite heraus. Nähe nun hier das zweite Auge fest. Dadurch sinken die Perlen etwas in den Stoff ein.

Geschenke!

- **Brosche:** Nähe eine Sicherheitsnadel auf die Rückseite.
- **Duftmaus:** Mische getrocknete Lavendelblüten unter die Füllwatte.
- **Nadelkissen:** Stecke einige Nadeln hinein und lege die Maus in den Nähkasten.

Du brauchst

- 1 Knäuel Sockenwolle 6-fach in Hellbraun
- Stricknadeln Nr. 2,75
- Füllwatte
- Knöpfe als Augen
- Nähkasten (S. 8–9)

Wie groß sind die Teddys?

Der kleine Bär ist etwa 18 cm groß, der große Bär ist etwa 33 cm groß.

Kleiner Teddy

Immer nur rechte Maschen strickst du für die Teddys. Jeder Teddy besteht aus fünf gestrickten Stücken – und ganz viel Herz.

So entsteht der kleine Teddy

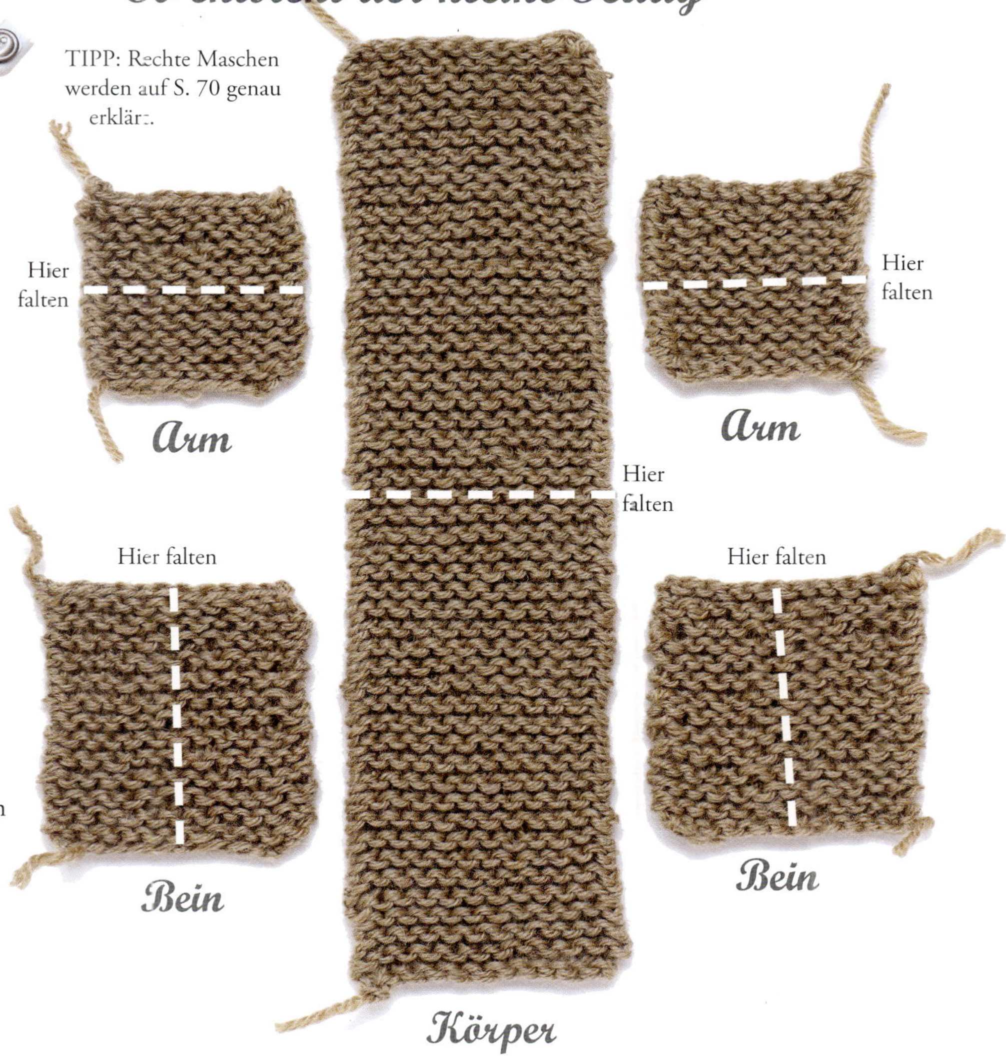

Den kleinen Teddy stricken

Alle Teile kraus rechts, also nur mit rechten Maschen stricken.

KÖRPER: 12 Maschen anschlagen.
98 Reihen kraus rechts stricken, abketten.
ARME: 10 Maschen anschlagen.
20 Reihen kraus rechts stricken, abketten.

BEINE: 12 Maschen anschlagen.
26 Reihen kraus rechts stricken, abketten.

1

Die Teile zur Hälfte falten. Die Faltlinien siehst du auf der vorigen Seite.

Sauber mit überwendlichen Stichen zusammennähen (S. 66).

Die Seiten mit einer Sticknadel ohne Spitze zusammennähen. Ein Ende bleibt offen.

2

Die Teile mit Füllwatte ausstopfen, aber nicht zu fest, sonst wird der Teddy unbeweglich.

Alle Teile auf rechts wenden.

3

Die Arme etwas über der Körpermitte festnähen.

Die Beine an die unteren Ecken des Körpers nähen.

Mit überwendlichen Stichen (S. 66) nähen.

4

Augen und Nase mit einer Nähnadel und Nähgarn annähen.

Über den Armen ein Band um den Körper binden, damit der Hals etwas schmaler wird.

Großer Teddy: Du brauchst

- Stricknadeln Nr. 4
- 1 Knäuel Sockenwolle 6-fach in Hellbraun

Den großen Teddy stricken

Du strickst immer nur rechte Maschen.
KÖRPER: 20 Maschen anschlagen.
136 Reihen kraus rechts stricken, abketten.
ARME: 15 Maschen anschlagen.
32 Reihen kraus rechts stricken, abketten.
BEINE: 20 Maschen anschlagen.
40 Reihen kraus rechts stricken, abketten.

Mehr Ideen

Ein Teddy muss nicht braun sein. Du kannst ihn auch in Grün oder Rosa stricken. Oder probiere ein mehrfarbiges Garn, das von allein ein Muster ergibt. Ein bunter Teddy aus lauter Wollresten sieht auch toll aus.

Hunde-freunde

Hunde auf Reisen ... Die kleinen Hunde passen gut in deine Hosentasche. Du kannst sie aber auch auf das Format eines gemütlichen Kissens vergrößern. Am Rücken haben sie keine Naht.

Du brauchst

- Baumwollstoff, 14 × 23 cm
- Filzreste für Ohren, Nasen und Halsbänder
- Füllwatte
- Knöpfe als Augen
- Buntes Stickgarn für das Maul
- Nähkasten (S. 8–9)

So nähst du die Hunde

1

Die Papierkante an der Faltlinie des Stoffs anlegen.

Den Stoff in der Mitte falten. Die gemusterte Seite liegt innen.

Das Papier auf den Stoff stecken und die Hundeform sorgfältig ausschneiden.

2

Die Kanten mit Rückstichen (S. 66) zusammennähen.

Eine Öffnung zum Ausstopfen lassen.

3

Den Hund auf rechts wenden.

Den Hund ausstopfen, dann die Öffnung sorgfältig zunähen.

Zunähen mit überwendlichen Stichen (S. 66).

Die Kleinteile

Das Ohr oben an den Kopf nähen.

Die Nase mit mehreren Stichen durch den Stoff und den Filz festnähen.

Das Maul mit Rückstichen aufsticken (S. 66).

Das Filz-Halsband um den Hals legen und mit einem Knopf befestigen.

Den Schwanz ebenso wie die Nase annähen.

Die Vorlage
findest du auf S. 74.

Käfer & Bienen

Diese Käfer bringen Glück! Aus Filzresten kannst du niedliche Krabbelkäfer oder süße Bienen nähen. Du musst nur den Langettenstich lernen. Er ist ganz einfach!

Für Körper und Boden verwenden.

Pause die Vorlage durch. Schneide einen Boden in Schwarz und zwei Oberteile in Rot aus. Außerdem brauchst du sechs Punkte und zwei Augen.

Du brauchst

- Filz in Rot, 11,5 × 16 cm
- Filz in Schwarz, 10 × 11,5 cm
- Nähkasten (S. 8–9)
- Füllwatte

Stecke die Vorlagen auf den Filz und schneide die Formen aus.

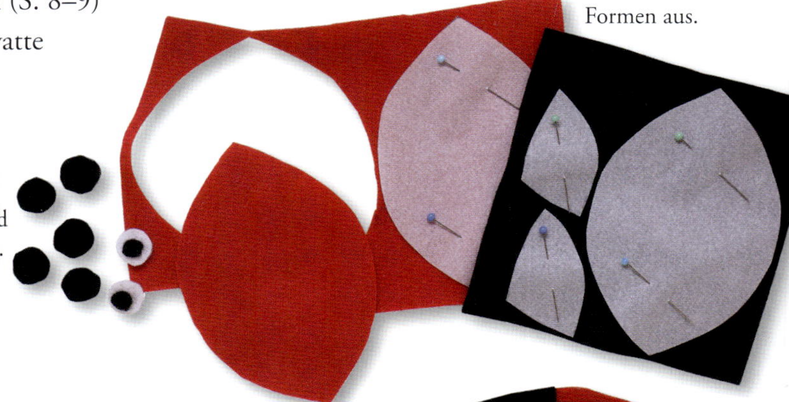

Schneide die Punkte und die Augen aus.

1

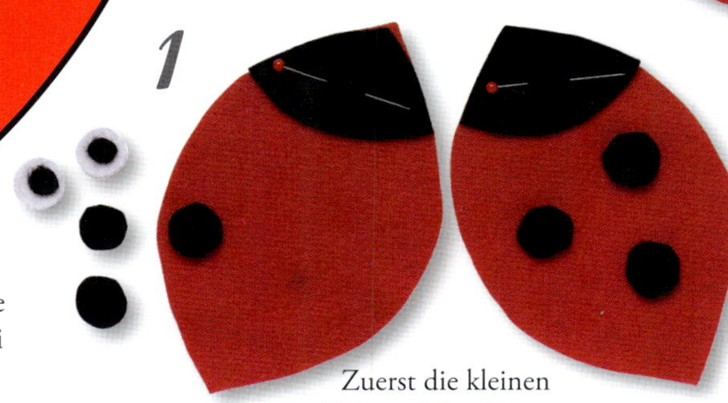

Zuerst die kleinen Teile auf den Körper des Käfers nähen.

2

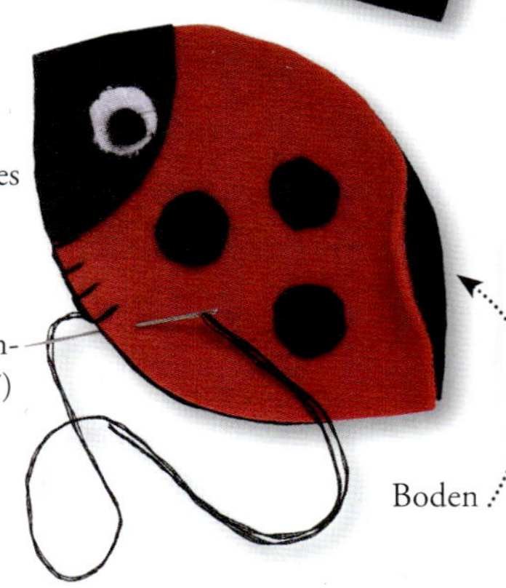

Eine Kante des Bodens und eine Hälfte des Oberteils mit Langettenstichen (S. 67) zusammennähen.

Boden

3

Das zweite Oberteil ebenso an die andere Kante des Bodens nähen.

4

Die beiden Oberteile zusammennähen.

Ausstopfen

5

Danach die Öffnung zunähen.

Bienen

Körper, Kopf und Augen wie für die Käfer ausschneiden. Streifen aus schwarzem Filz und zwei Flügel aus weißem Filz zuschneiden. Die Streifen aufnähen, dann die großen Teile zusammensetzen. Die Flügel zum Schluss festnähen.

Gestrickte Katzen

Für diese Schmusekatzen brauchst du nur gestreifte Vierecke zu stricken. Zusammennähen, schön weich ausstopfen, Knopfaugen aufnähen – schon fertig!

Du brauchst

- 1 Knäuel Sockenwolle 6-fach für den Körper, Reste in anderen Farben für die Kleidung
- Stricknadeln Nr. 4
- Sticknadel ohne Spitze
- Füllwatte
- Knöpfe als Augen
- Nähkasten (S. 8–9)

So strickst du die Katze

Der Körper

Der Körper wird glatt rechts gestrickt (S. 72), also immer abwechselnd 1 Reihe rechte Maschen und 1 Reihe linke Maschen.
Mit braunem Garn 34 Maschen anschlagen.
FÜSSE: 4 Reihen glatt rechts in Braun stricken.
HOSE: 13 Reihen glatt rechts in Pink stricken.
PULLOVER: 13 Reihen glatt rechts in Blau (oder gestreift) stricken.
KOPF: 16 Reihen in Braun stricken. Abketten.

Die Arme

Auch die Arme werden glatt rechts gestrickt.
Mit braunem Garn 9 Maschen anschlagen.
PFOTEN: 4 Reihen glatt rechts in Braun stricken.
ÄRMEL: 13 Reihen glatt rechts in der Farbe des Pullovers stricken. Abketten.

Der Kniff mit der Katze

Die Katze bekommt ihre Form durch Nähte. Zuerst die langen Kanten zusammennähen. Wenden und die Naht so drehen, dass sie in der hinteren Mitte liegt. Dorthin kommt die Naht, die den Beinen ihre Form gibt (S. 30).

Ringel oder schlicht?

Streifen sind hübsch, aber ein einfarbiger Pullover steht deiner Katze auch gut – und er ist einfacher zu stricken. Du kannst auch ein mehrfarbiges Garn nehmen, das ganz von allein ein Streifenmuster ergibt.

1 Die langen Seitenkanten zusammennähen. So entsteht ein Schlauch.

2 Drehe den Schlauch so, dass die Naht in der Mitte liegt.

3

4 Der Kopf

Beginne am Hinterkopf.

Nähe mit Vorstichen (S. 66) einmal um den Hals herum.

Den Hals mit dem Faden schmal zusammenziehen.

Den Faden hinten gut vernähen.

5 Ohren und Beine

Nähe schräg über diese obere Ecke.

Drücke für das Ohr die Ecke des Kopfs zusammen.

Nähe auf der Naht in der hinteren Mitte entlang.

Stich immer von vorn nach hinten durch den ganzen Körper.

6 Die Arme

Nähe die Arme direkt unter dem Kopf an.

Etwas Füllwatte in den Arm stopfen.

Die Naht des Arms zeigt zum Körper.

Nähe den Arm zusammen und wende ihn auf rechts.

Katzenfamilie

Wenn du die Größe der Rechtecke veränderst, kannst du große und kleine Katzen stricken. Schlage für eine dicke Katze mehr Maschen an. Für eine schmale, dünne Katze strickst du breitere Streifen.

Hemd und Hose

Die gestrickten Streifen sind die Kleidung der Katze. Jeder Streifen kann einfarbig sein. Du kannst aber auch geringelte Streifen stricken, wie bei diesen Katzen.

Kunterbunt

Mehrfarbige Garne ergeben tolle Muster, ohne dass du den Faden wechseln musst.

Märchen-Pony

Reiten macht Spaß – und ebenso viel Spaß macht es, aus hübschen, kunterbunten Stoffen einen ganzen Stall voll niedlicher, kleiner Ponys zu nähen.

Du brauchst

- 2 Stücke Baumwollstoff, 20 × 20 cm
- Strickgarnreste
- Sticknadel ohne Spitze
- Füllwatte
- Filz und Knöpfe für Augen und Ohren
- Nähkasten (S. 8–9)

Wehender Schweif

Schneide für den Schweif zehn bunte Fäden von 24 cm Länge zu. Binde sie in der Mitte mit einem einfachen Knoten (S. 68) zusammen.

Für die Mähne befestigst du 15 cm lange Fäden wie Fransen am Hals deines Ponys.

Das Maul mit Rückstichen (S. 66) aufsticken.

Das Knopfauge wird auf den Wimpern festgenäht.

Wenn der Schwanz befestigt ist, schneide alle Fäden auf gleiche Länge.

Die Vorlage findest du auf S. 75.

So nähst du das Pony

1

Stecke das Papier auf die beiden Stoffstücke. Die Form sorgfältig ausschneiden.

2

Die Stoffstücke mit den bedruckten Seiten aufeinanderlegen.

Am Rücken eine Öffnung zum Ausstopfen lassen.

Die Teile 5 mm neben der Kante mit Rückstichen (S. 66) zusammennähen.

Das Pony auf rechts wenden und ausstopfen. Die Füllwatte in alle Ecken schieben. Dann die Öffnung mit überwendlichen Stichen (S. 66) zunähen.

Die Mähne befestigen

Die Nadel von links einstechen und den Faden nachziehen, aber nicht ganz durchziehen. Dann die Nadel von rechts einstechen und den Faden nachziehen, bis eine Schlaufe entsteht.

Den Faden aus der Nadel ziehen. Beide Fadenenden auf gleiche Länge ziehen.

Nähe den Schwanz an dein Pony.

Die Ohren oben an den Kopf nähen, die Wimpern an seine beiden Seiten.

Beide Fadenenden durch die Schlaufe ziehen. Nun die Schlaufe fest zuziehen.

Affentheater

Wenn deine Socken zu klein geworden sind, kannst du daraus lustige Affen machen. Je kleiner die Socken, desto niedlicher sehen deine Affen aus.

Hier siehst du, wie aus zwei Socken ein süßer Affe wird.

Du brauchst

- 2 Socken
- Nähkasten (S. 8–9)
- Füllwatte
- Knöpfe als Augen

Große oder kleine Socken?

Für die Affen kannst du alte und neue Socken in allen Größen benutzen: winzige Babysocken oder Socken in Erwachsenengröße für erwachsene Affen.

So nähst du den Affen

Körper und Beine

1

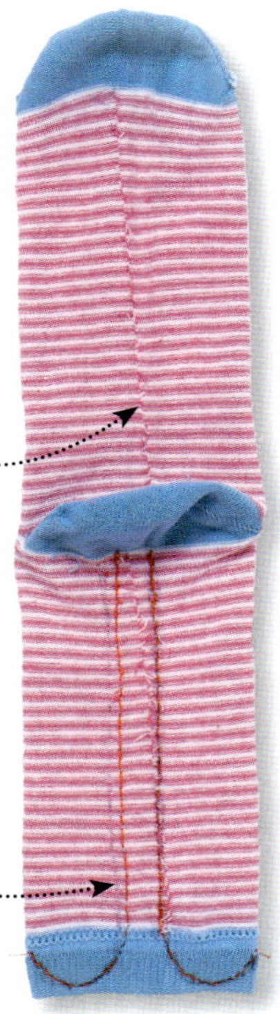

Wende die Socke auf links und lege sie flach hin, mit der Ferse nach oben.

Nähe mit Rückstichen (S. 66) zwei Nähte zum Bündchen. An den Enden Bogen nähen.

Zwischen den Nähten einschneiden: Das sind die Beine.

Schwanz, Arme, Nase und Ohren

2

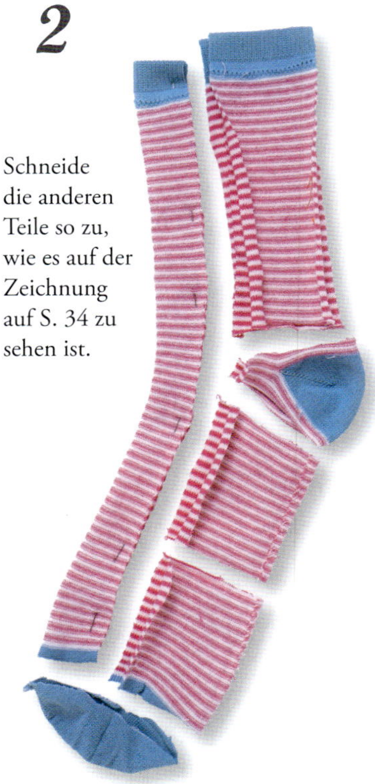

Schneide die anderen Teile so zu, wie es auf der Zeichnung auf S. 34 zu sehen ist.

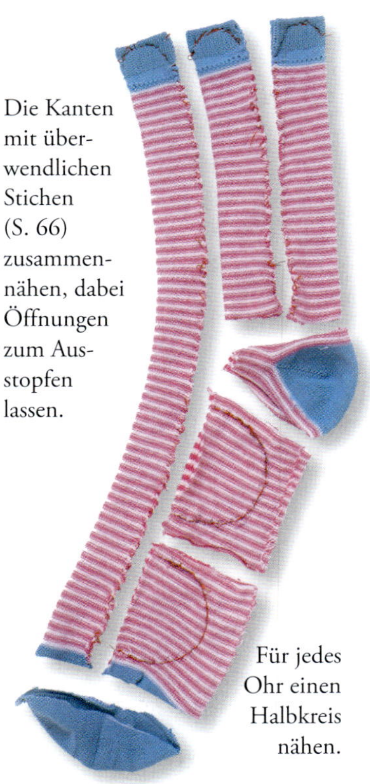

Die Kanten mit überwendlichen Stichen (S. 66) zusammennähen, dabei Öffnungen zum Ausstopfen lassen.

Für jedes Ohr einen Halbkreis nähen.

Ausstopfen

3

Wende alle Teile auf rechts und stopfe sie aus.

Ohren und Arme an den Körper nähen.

Die Öffnungen der Ohren zunähen.

Die Öffnung mit überwendlichen Stichen (S. 66) zunähen.

Große und kleine Affen

Diese Affen sind aus Socken in verschiedenen Größen genäht. Je kleiner die Socken sind, desto niedlicher sehen die Äffchen aus.

Die Schnauze

Nähe zuerst nur die Unterkante fest.

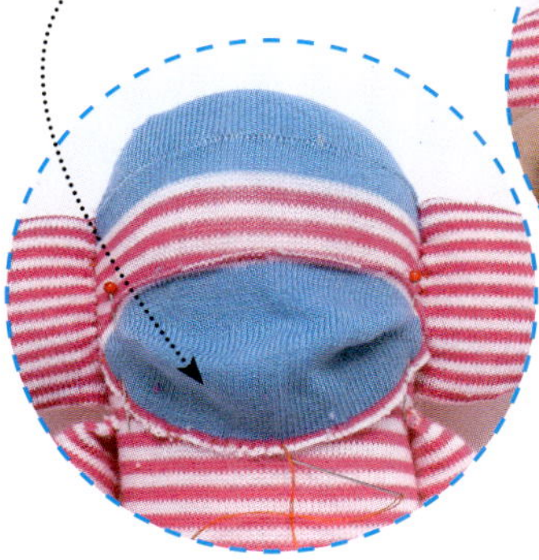

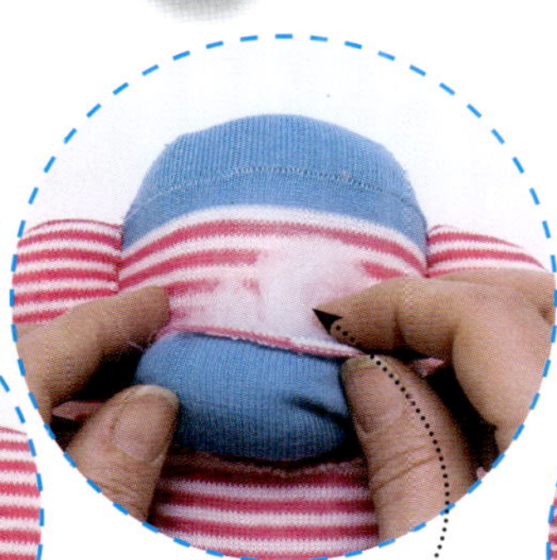

Die Schnauze ausstopfen, dann die Oberkante festnähen.

Augen, Maul und Schwanz

Die Knopfaugen aufnähen.

Das Maul mit Rückstichen (S. 66) und Stickgarn aufsticken.

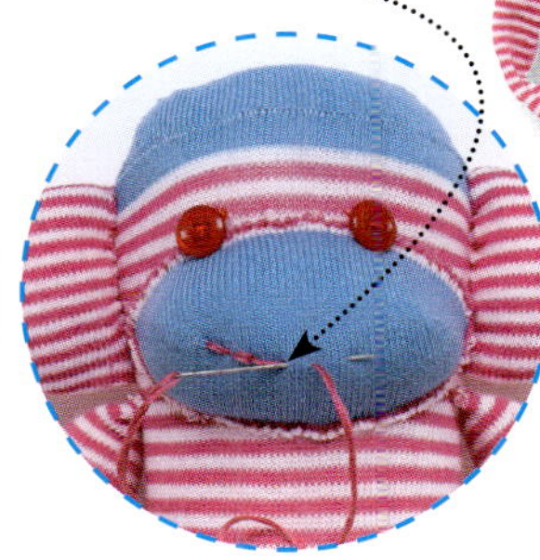

Den Schwanz ans Hinterteil des Affen nähen.

Fräulein Hase

Hübsch herausgeputzt! Natürlich brauchen modebewusste Hasendamen auch ein Kleid zum Wechseln. Entwirf doch gleich eine ganze Kollektion mit dazu passendem modischem Zubehör.

Du brauchst

- Baumwollstoff, für jede Puppe 30 × 60 cm
- Nähkasten (S. 8–9)
- Füllwatte
- Gemusterten Baumwollstoff, für jedes Kleid 40 × 25 cm
- Filz für die Augen
- Band und Zackenlitzen zur Verzierung

Darf es noch ein Tässchen Tee sein?

Fertig zum Ausgehen

- ***Kleider:*** Nähe hübsche Kleider mit passenden Stirnbändern. Verziere alles mit Resten von Spitzen, Bändern und Borten.
- ***Taschen:*** Für eine Tasche nähst du zwei Stücke Filz zusammen und befestigst ein Stück Band als Henkel.

Hier kleine Dreiecke aus der Stoffkante herausschneiden. Dann lässt sich der Hase leichter wenden.

Auf der gestrichelten Linie nähen.

Hasenkörper

Lege Transparentpapier auf diese Seite und pause die Formen mit allen gestrichelten und durchgehenden Linien durch. Dann schneide die Papierformen aus und benutze sie als Schnittmuster.

Körper 2-mal

Rechtes Bein 2-mal

Linkes Bein 2-mal

Darf es etwas größer sein?

Wenn du größere Hasen nähen möchtest, lege diese Seiten in einen Kopierer und vergrößere sie um 25, 50 oder 75 %. Dann schneide die Formen aus den Kopien aus und benutze sie als Schnittmuster.

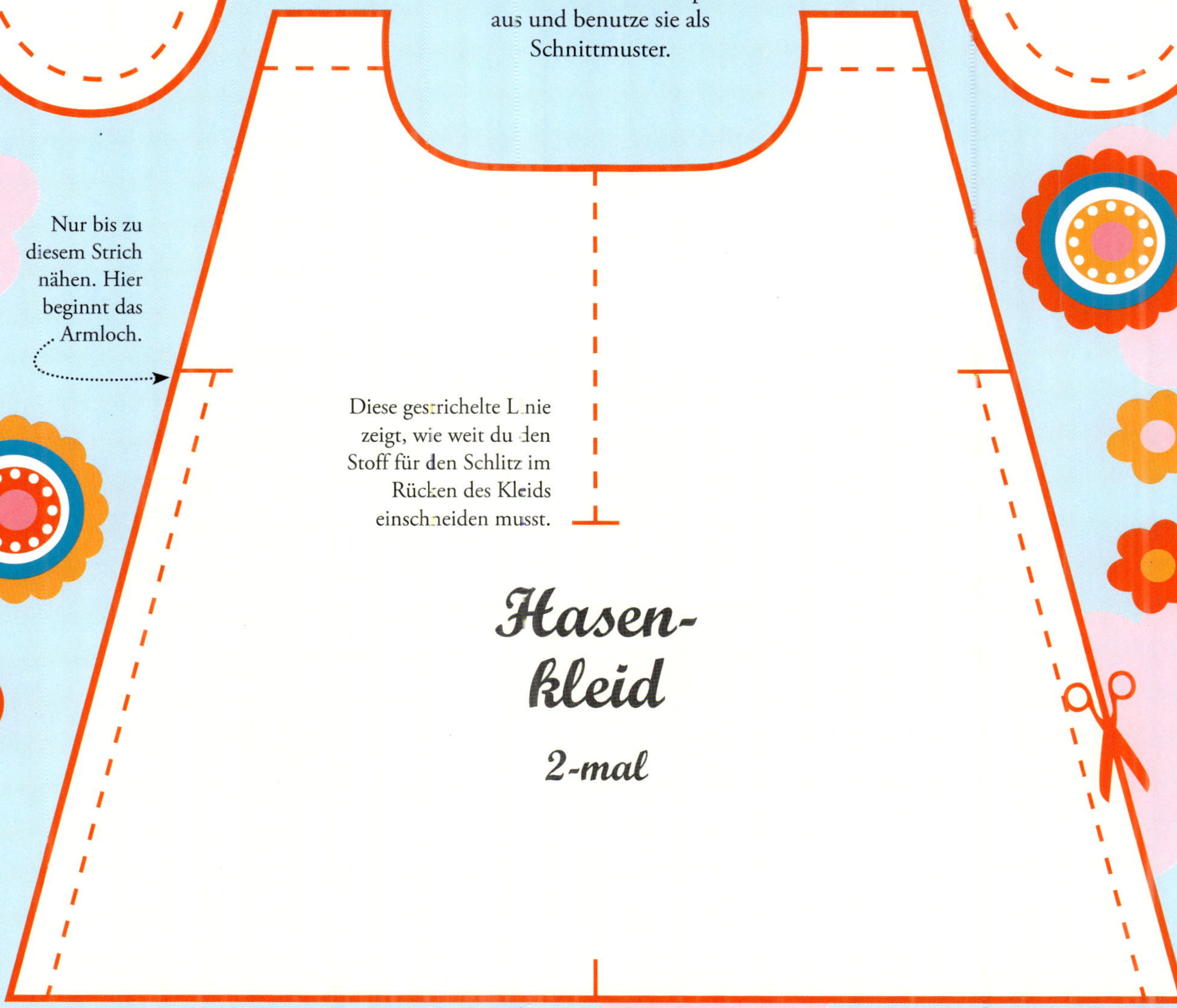

So nähst du den Hasen

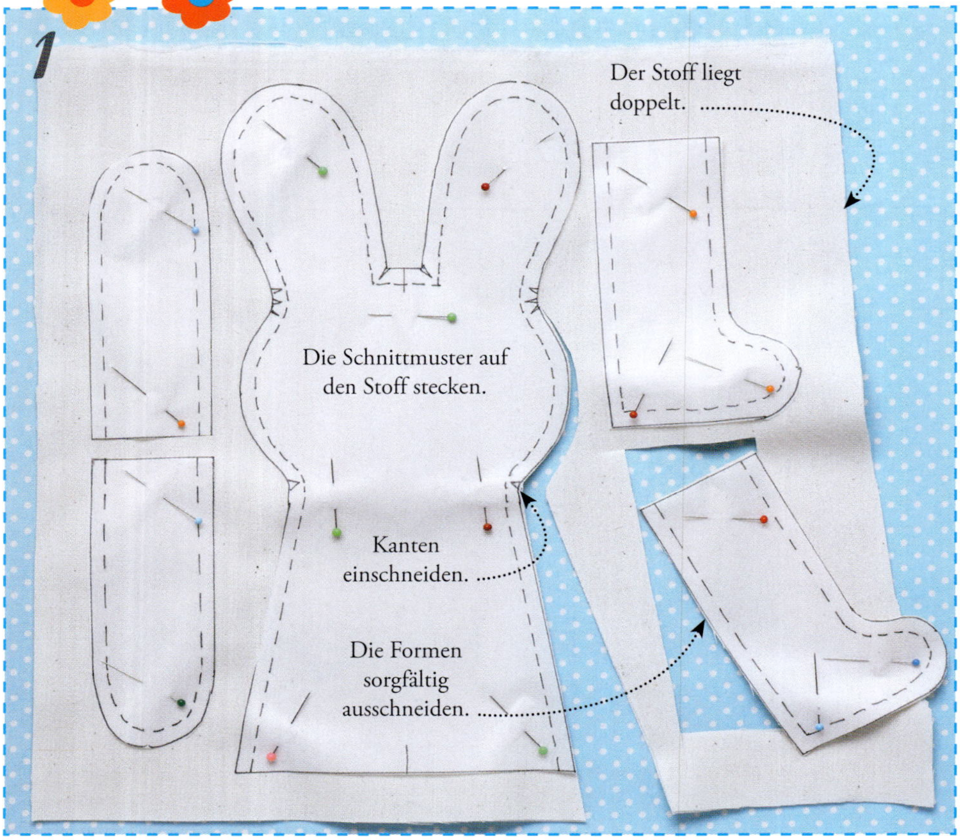

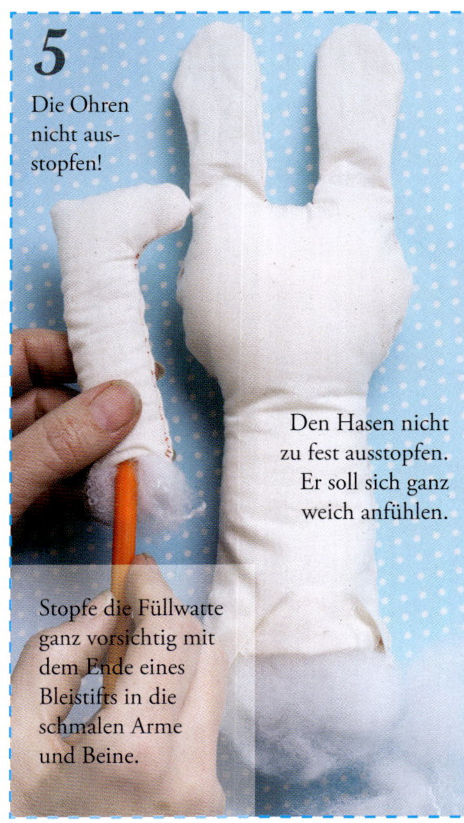

Den Hasen zusammensetzen

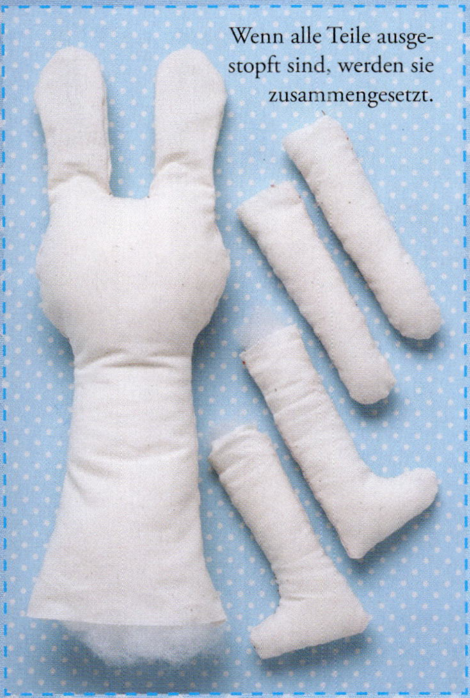

Wenn alle Teile ausgestopft sind, werden sie zusammengesetzt.

Die Ohren unten zusammendrücken.

Die Falten mit einigen Stichen befestigen.

Die Falten auf der Rückseite feststecken.

Die Filzaugen mit einer Perle in der Mitte festnähen.

Nase und Mund aufsticken. Für die Nase viele Stiche dicht nebeneinander aufsticken.

Die Stoffkante nach innen falten.

Den Arm oben zunähen. Die Seitennähte liegen aufeinander.

Das obere Ende des Arms sorgfältig an den Körper nähen.

Die Stoffkanten nach innen einschlagen und die Öffnung zustecken.

Die beiden Kanten zusammennähen.

Rückseite der Puppe

Die Puppe umdrehen. Die Beine mit kleinen überwendlichen Stichen (S. 66) festnähen.

Kleid und Tasche

Du brauchst

- 2 Stücke bunten Baumwollstoff, 15 × 15 cm
- Stoffrest für das Stirnband
- Nähkasten (S. 8–9)
- 2 Stücke Filz, 6 × 6 cm
- Filzreste für Augen und Motive
- Bänder

Extratipp

Schneide das Kleid mit der Zackenschere zu (Nähkasten, S. 9). Dann sehen die Kanten hübsch aus und fransen nicht aus.

So nähst du Kleid und Tasche für den Hasen

Strickhasen

Handschuhe gehen leicht verloren. Aber aus Einzelstücken können lustige Hasen werden. Diese sehen aus, als ob sie Rollkragenpullis anhätten.

Du brauchst

2 verschiedene Handschuhe • Füllwatte • Nähkasten (S. 8–9) • Knöpfe als Augen

1 Die Handschuhe auf links wenden. Mittelfinger, Ringfinger und Daumen abschneiden. Die Öffnungen sorgfältig zunähen.

Mittelfinger, Ringfinger und Daumen abschneiden.

2

Entscheide selbst, ob du die Ohren ausstopfst.

Stopfe die Teile für Kopf, Körper, Arme und Schwanz mit Füllwatte aus.

3 Einen Handschuh in den anderen schieben, feststecken und mit kleinen Stichen festnähen.

Arme und Schwanz festnähen.

4

Als Augen zwei Knöpfe aufnähen.

Die Filznase festnähen und den Mund sticken.

Du kannst die Ohren nach vorn klappen und mit einigen Stichen befestigen.

TIPP: Wenn der obere Handschuh zu lang ist, schneide ein Stück vom Bündchen ab.

Schnörkelfant

Fantasiemuster

Aus Indien kommen Stoffe mit tollen Mustern und Motiven. Nähe zuerst einen weißen Elefanten und bemale ihn dann nach Lust und Laune, vielleicht wie hier im indischen Stil.

Male das Muster direkt auf den Stoff.

Nimm Filz für Ohren und Schwanz.

Permanentmarker

Das Schwanzende mehrmals einschneiden.

Auf Nessel oder hellem Baumwollstoff sieht man dein Muster am besten.

Stifte

Du musst nicht unbedingt spezielle Textilstifte kaufen. Mit Permanentmarkern klappt es genauso gut.

Du brauchst

- Nessel oder hellen Baumwollstoff für den Elefantenkörper, 60 × 25 cm (Das Nähen wird auf S. 50 erklärt.)
- Filz in Grau für Schwanz und Ohren
- Nähkasten
- Permanentmarker
- Füllwatte
- Knöpfe als Augen

Elefanten nähen

Lies auf S. 50, wie es gemacht wird.

1

Zeichne ein Muster auf den Elefanten. Lass Flächen frei, die du farbig ausmalst.

2

Nun male dein Muster bunt an.

3

Fertig gemalt?

Das Tolle an solchen Mustern ist, dass sie eigentlich nie fertig sind. Es lässt sich immer noch ein Plätzchen für einen bunten Tupfer oder einen hübschen Schnörkel finden.

Bemale beide Seiten deines Elefanten.

Die Vorlage
findest du auf S. 77.

Den Elefanten nähen

1 Das Schnittmuster auf den Stoff stecken und die Form ausschneiden. Der Stoff liegt doppelt.

2 Die beiden Teile zusammenstecken.

Nähe die Naht mit Rückstichen (S. 66). Lass hinten ein Stück Naht zum Ausstopfen offen.

Nähe etwa 5 mm neben der Stoffkante.

3 Wende den Elefanten auf rechts.

Stopfe ihn so fest aus, dass er gut in Form bleibt. Dann die Öffnung zunähen.

4

Schwanz

Filz, 10 × 2 cm. Den Schwanz in der Mitte falten und zusammennähen.

Ohren

Filz, 20 × 8 cm. Beide Ohren in einem Stück zuschneiden.

5 Die Ohren über den Elefantenkopf legen.

In der Mitte festnähen.

6 Den Schwanz an den hinteren Rücken nähen.

Das Schwanzende fransig einschneiden.

Nessel

Nessel ist ein preiswerter und vielseitiger Baumwollstoff. Wenn du keinen findest, nimm einen anderen Baumwollstoff in einer hellen Farbe – natürlich ohne Muster.

Cooler Krake

Wenn dieser Geselle fertig ist, kannst du perfekt flechten. Du kannst Garn in einer Farbe oder verschiedenfarbige Garne verwenden.

Du brauchst

• 1 Knäuel Garn • Dicke Pappe, 30 cm lang
• Kugel aus geknüllter Alufolie
• Wackelaugen • Schere

Die Kugel ist etwas kleiner als ein Tennisball.

Sehr schick! Binde deinem Kraken eine bunte Schleife um den Hals.

So werden die Arme geflochten

1

Wickle das Garn etwa 40-mal um die Pappe.

Das Garnende in einen Einschnitt in der Pappe klemmen.

2

Am oberen Ende der Pappe einen Faden unter das gewickelte Garn ziehen und fest zusammenknoten.

Das Garnbündel durchschneiden.

3

Die Mitte des Garnbündels über die Alukugel legen.

4

Die Fäden gleichmäßig über der Kugel verteilen.

Die Fäden unter der Kugel mit einem anderen Faden fest verschnüren.

5

Die Fäden in acht gleich große Bündel teilen.

Um das Ende jedes Zopfs eine Schleife binden.

Jedes Bündel in drei gleiche Stränge teilen.

Alle Arme flechten.

Bunte Küken

Frisch geschlüpft! Die Küken werden aus farbigen Filzresten gebastelt. Durch die Drahtbeine sieht jedes anders aus.

Du brauchst

• Bunte Filzreste • 18 cm lange Drahtstücke (je eins pro Küken) • Füllwatte • Stickgarn • Nähkasten (S. 8–9)

Ein Küken basteln

1

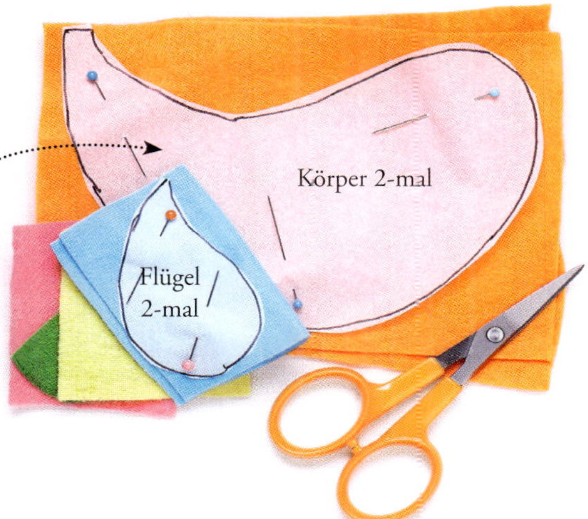

Die Schnittmuster (S. 57) auf den Filz stecken.

2

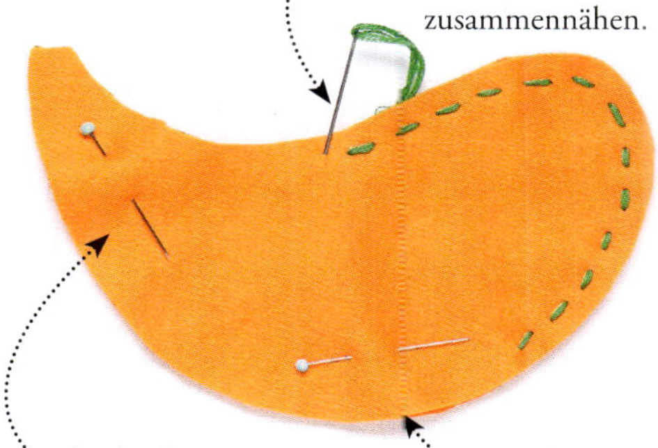

Die Körperhälften mit buntem Stickgarn mit Vorstichen (S. 66) zusammennähen.

Stecke die beiden Filzformen aufeinander.

Lass eine Öffnung zum Ausstopfen.

Beine

Den Anfang des Drahtstücks leicht biegen.

Für die Zehen den Draht umbiegen und dann wieder zurückbiegen.

Den Anfang des Drahts um das lange Ende winden. Das ist das erste Bein.

Für das andere Bein den Draht umbiegen.

Das zweite Bein wird genau wie das erste gebogen.

Das Ende des Drahts um das zweite Bein winden.

Wenn Drahtenden überstehen, schneide sie mit einer Schere ab.

3

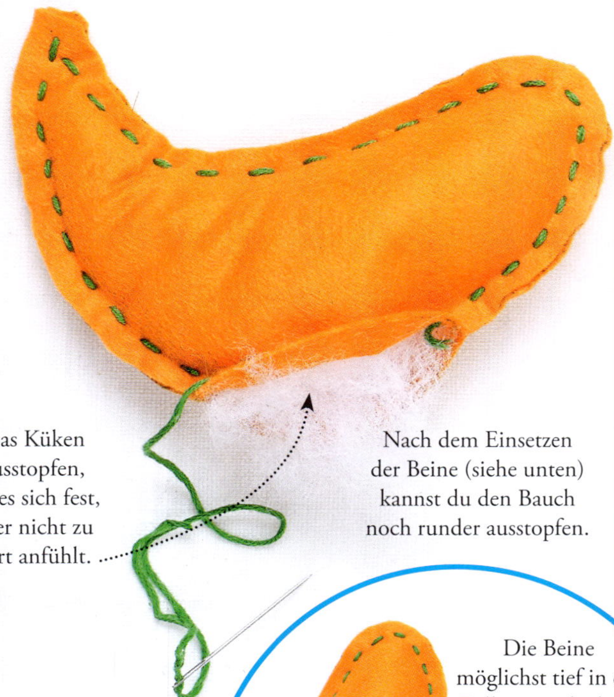

Das Küken ausstopfen, bis es sich fest, aber nicht zu hart anfühlt.

Nach dem Einsetzen der Beine (siehe unten) kannst du den Bauch noch runder ausstopfen.

Die Beine möglichst tief in die Füllwatte schieben. Halte die Beine dabei zwischen Daumen und Zeigefinger.

Die Öffnung um die Beine herum fest zunähen.

4

Die Flügel mit Stickgarn mit Vorstichen (S. 66) aufnähen.

Nähe die anderen Kleinteile auf die Seiten.

Die Füße umbiegen.

Biege die Füße so, dass das Küken stehen kann.

Einfache Form

Der Körper und die Flügel haben ganz ähnliche Formen. Das Auge ist rund, der Schnabel dreieckig. Verwende Filzreste in möglichst vielen verschiedenen Farben.

Winzlinge

Was ist kleiner als klein?

Diese Figuren aus Filz sind nicht viel größer als dein Daumen.

Du brauchst

- Bunte Filzreste
- Füllwatte
- Stickgarn

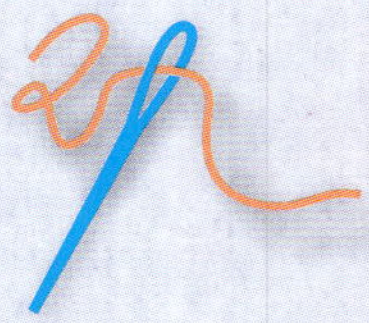

Das Schnittmuster auf den Filz stecken. Vorlagen findest du vorn im Buch.

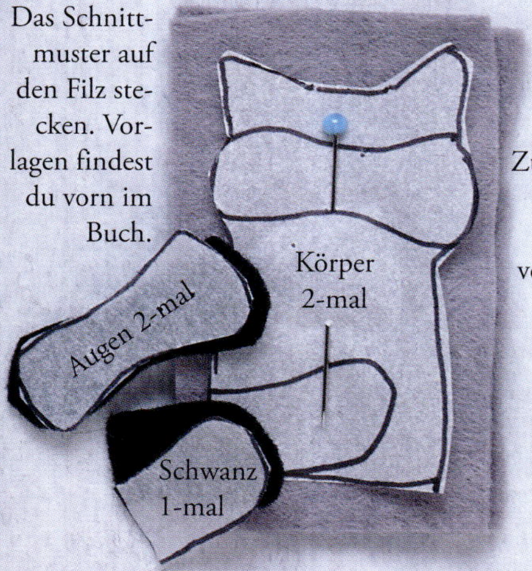

Zuerst die Vorderseite verzieren.

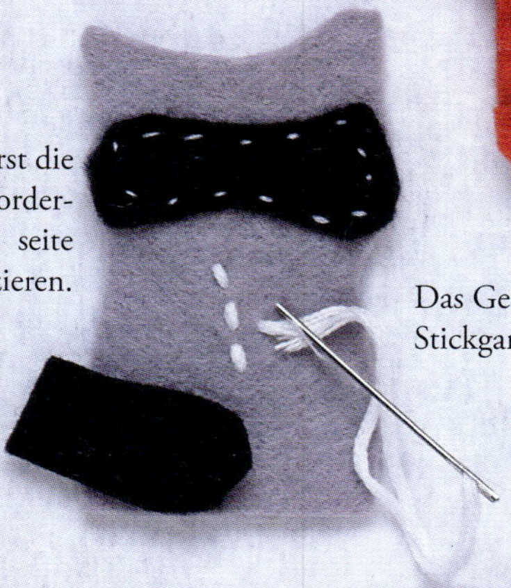

Das Gesicht mit Stickgarn aufsticken.

Vorder- und Rückseite mit Nähgarn zusammennähen.

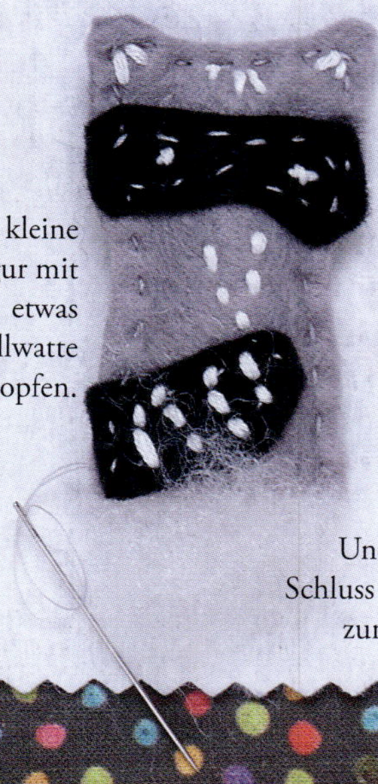

Die kleine Figur mit etwas Füllwatte ausstopfen.

Und zum Schluss unten zunähen.

Ein Bett für den Winzling

Beklebe eine Streichholzschachtel mit passendem Filz, dann hast du ein Bett oder eine Geschenkverpackung für den Winzling.

Schachtelweise Winzlinge

Geniale Giraffen

Greta und Gustav Giraffe

recken stolz die Hälse, denn sie können ganz allein stehen. Und das Genialste an ihnen ist, dass sie gar nicht schwer zu nähen sind.

Schöne Beine

Vielleicht findest du einen Stoff, der wie ein Giraffenfell aussieht? Nimm für die Innenseite der Beine einen anderen Stoff als lustigen Gegensatz.

Du brauchst

- Baumwollstoff, für den Körper 2 Stücke 30 × 30 cm, für die Innenseiten der Beine in einer Kontrastfarbe 1 Stück 20 × 24 cm
- Knöpfe als Augen und zum Befestigen der Beine
- Filz für Schwanz und Ohren
- Füllwatte
- Nähkasten (S. 8–9)

Die Vorlage

findest du auf S. 78.

So nähst du eine Giraffe

1

Der Stoff für die Innenseite der Beine liegt doppelt. Du brauchst vier innere Beine.

Lege für den Körper zwei Stücke Stoff mit der bedruckten Seite aufeinander. Stecke das Schnittmuster auf und schneide die Form aus (S. 78).

Die Beinaußenseiten zweimal aus doppelt liegendem Stoff zuschneiden, das ergibt insgesamt vier Teile.

2

Drei Seiten der Beine mit Rückstichen (S. 66) zusammennähen.

Innen- und Außenseiten der Beine liegen aufeinander.

Die Beine oben offen lassen.

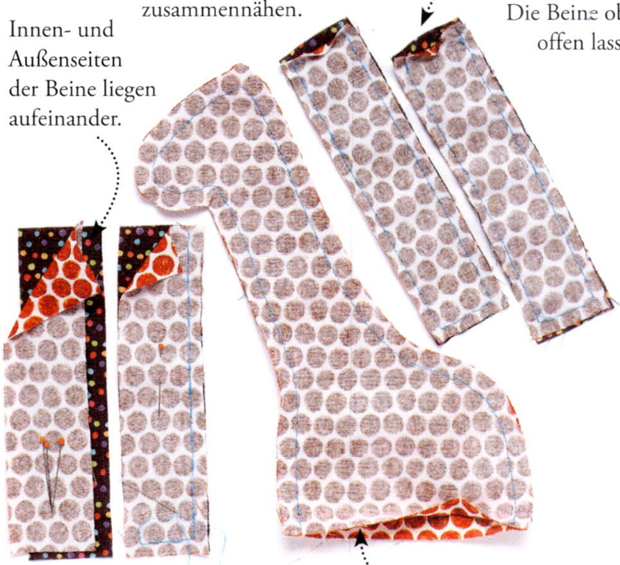

Den Körper unten offen lassen.

3

Alle Teile auf rechts wenden. Jetzt liegt die gemusterte Seite des Stoffs außen.

4

Alle Körperteile fest, aber nicht zu hart ausstopfen.

Füllwatte bis in den Kopf und den Hals schieben.

5

Schlage die oberen Kanten der Beine nach innen ein und stecke sie zusammen.

Die Öffnungen mit überwendlichen Stichen (S. 66) zunähen.

6 Die Unterkanten des Körpers ebenso einschlagen und mit überwendlichen Stichen zusammennähen.

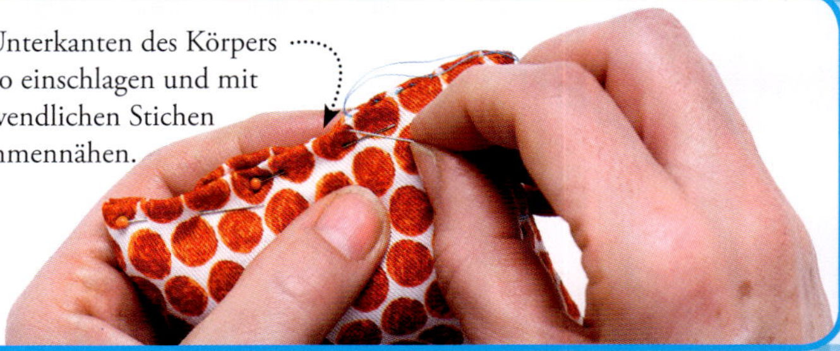

Giraffen in Bewegung

Die Beine werden einzeln an den Körper genäht. Jedes Bein lässt sich bewegen. Du kannst also deine Giraffe in verschiedenen Haltungen aufstellen.

Die Teile zusammensetzen

Der Körper

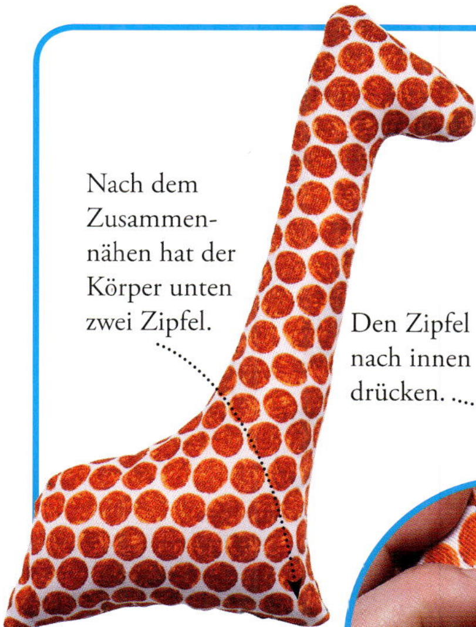

Nach dem Zusammennähen hat der Körper unten zwei Zipfel.

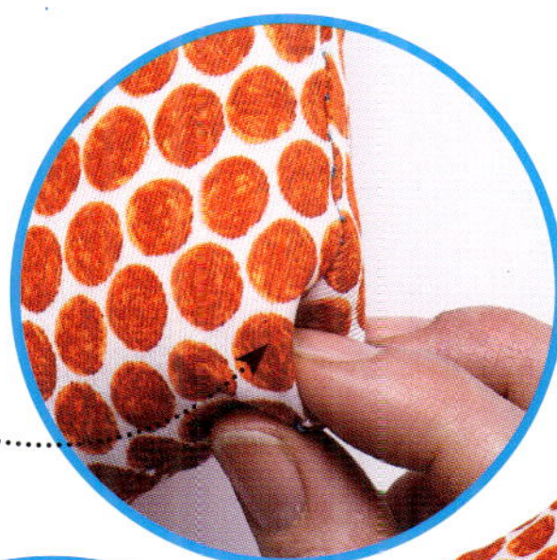

Den Zipfel nach innen drücken.

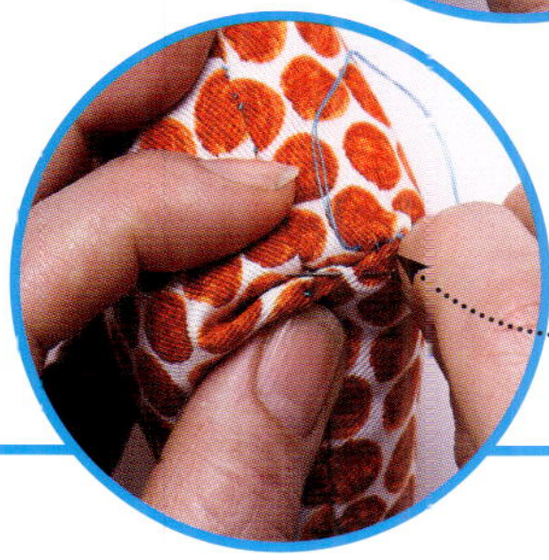

Die Kanten mit überwendlichen Stichen (S. 66) festnähen.

Jetzt sieht der Körper rundlicher aus.

Die Ohren unten zusammendrücken und festnähen.

Ohren und Augen an die beiden Seiten des Kopfs nähen.

Die Knöpfe über den Stichen befestigen, mit denen die Beine festgenäht sind.

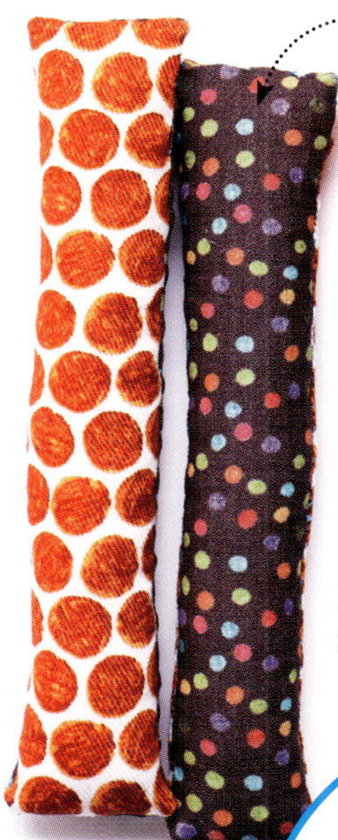

Die Beine annähen. Achte darauf, dass die richtige Seite nach außen zeigt.

Für den Schwanz einen Streifen Filz zuschneiden. In der Mitte falten und zusammennähen, aber nicht ganz bis zum Ende. An das Hinterteil der Giraffe nähen.

Das Schwanzende fransig einschneiden.

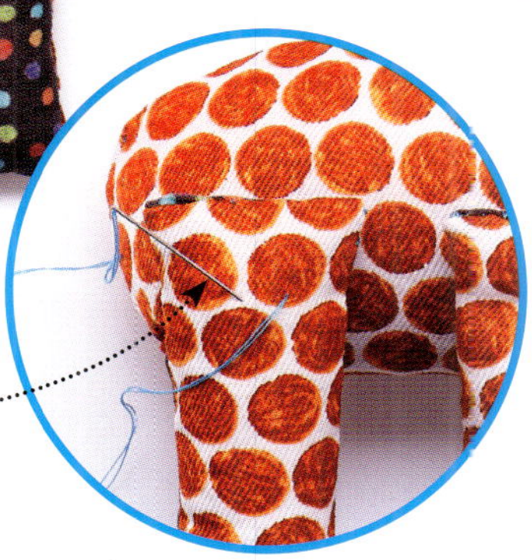

Durch das Bein bis in den Körper stechen, damit es fest sitzt.

Eulen-Mobile

Freundliche Flatterer ... Jede Eule schwebt in einem eigenen Ring. Du kannst sie einzeln aufhängen oder einen ganzen Schwarm anfertigen.

Du brauchst

• Filzstücke für den Körper, die etwas kleiner als der Stickrahmen sein können • Filzreste für Flügel, Füße und Gesicht • Nähkasten (S. 8–9) • Füllwatte • Knöpfe als Augen • 1 m Baumwollband oder Stoffstreifen • Stickrahmen aus Holz, 14 cm Durchmesser • Band zum Aufhängen

Die Vorlage
findest du auf S. 76.

So nähst du eine Eule

Schneide alle Filzteile zu. Benutze dafür die Vorlagen auf S. 76.

1 Nähe mit überwendlichen Stichen (S. 66) alle kleinen Teile auf einen Filzkörper.

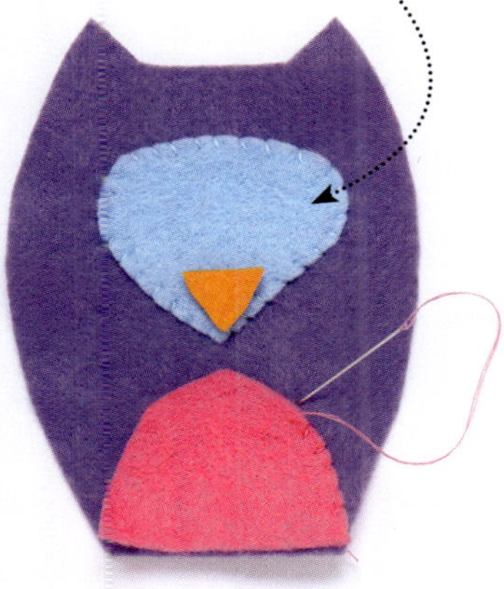

2 An der Rückseite die Flügel und Füße festnähen.

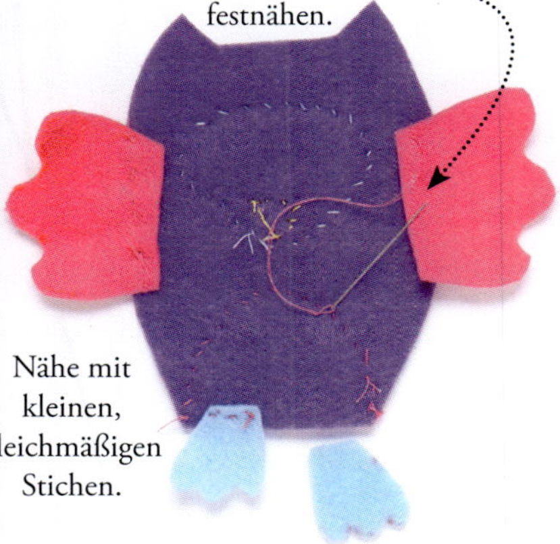

Nähe mit kleinen, gleichmäßigen Stichen.

3 Nähe Vorder- und Rückseite des Körpers zusammen.

Lass die Eule unten noch offen.

4

Stopfe die Eule von unten aus und nähe zu.

5

Umwickle den Stickrahmen mit Band oder einem Stoffstreifen. Befestige Band oder Stoff mit einigen Stichen.

Stickrahmen aus Holz

6 Befestige ein Ende eines Fadens am Eulenkopf und das andere am Stickrahmen.

Die Eule muss frei im Rahmen hängen.

Knote ein Band an den Ring und hänge dein Mobile auf.

Nähen & sticken

Hier siehst du alle Stiche, die für die Projekte benutzt werden. Jeder hat einen anderen Zweck, zum Beispiel zum Zusammennähen, Kräuseln, Zunähen oder Besticken.

Anfang und Ende

Binde am Anfang einen Knoten ins Fadenende. Am Ende einer Naht machst du einen winzigen Stich. Den Faden nicht ganz durchziehen: Er bildet eine Schlaufe. Die Nadel durch die Schlaufe schieben, nun den Faden durchziehen. Dicht daneben wiederholen, dann den Faden abschneiden.

Vorstich

Diesen Stich braucht man zum Zusammennähen von Stoffen und zum Kräuseln.

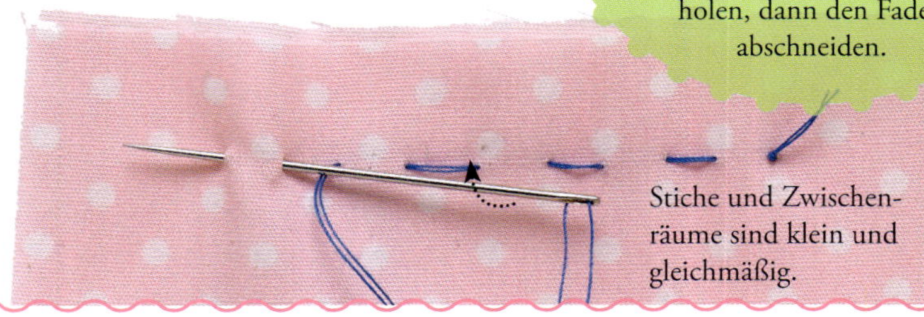

Rückstich

Dies ist ein sehr stabiler Stich für haltbare Nähte, zum Beispiel an den Seiten einer Tasche. Er sieht aus wie eine durchgehende Linie. Dieser Stich wird oft auch Steppstich genannt.

Heftstich

Mit diesem Stich hält man Stoffe nur vorübergehend zusammen. Wenn sie richtig zusammengenäht sind, werden die Heftstiche wieder entfernt.

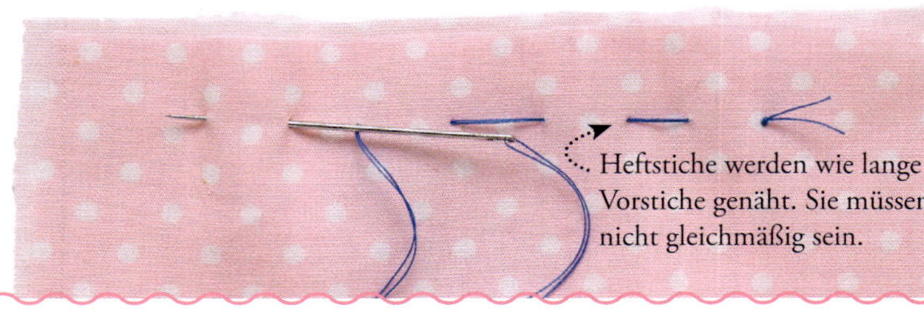

Überwendlicher Stich

Diese kleinen Stiche sieht man kaum. Sie werden immer über die Kante von zwei versäuberten Stoffteilen genäht, zum Beispiel beim Zusammensetzen eines Patchworks.

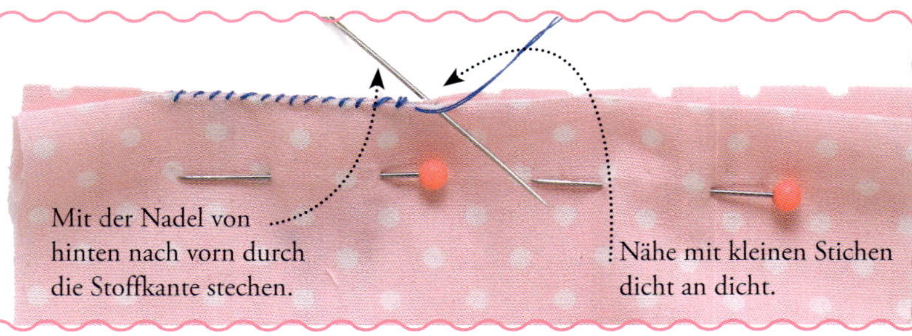

Blindstich

Dieser Stich ist wirklich unsichtbar, weil der Faden unter den umgeschlagenen Stoffkanten verläuft. Man kann ihn benutzen, um ein Kissen zuzunähen.

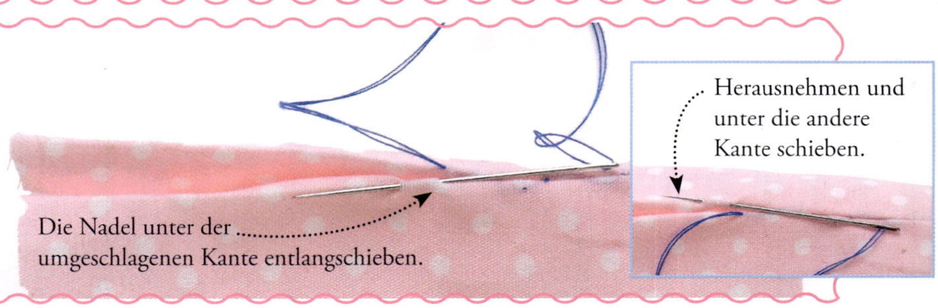

Spannstich

Dies ist ein schöner Stich für Verzierungen. Für eine Blume kannst du die Stiche strahlenförmig anordnen. Zeichne das Blümchen zuerst dünn mit Bleistift vor und sticke es dann nach. Binde zuerst einen Knoten ins Ende deines Stickgarns.

1 Am Anfang eines Blütenblatts herauskommen, am Ende einstechen.

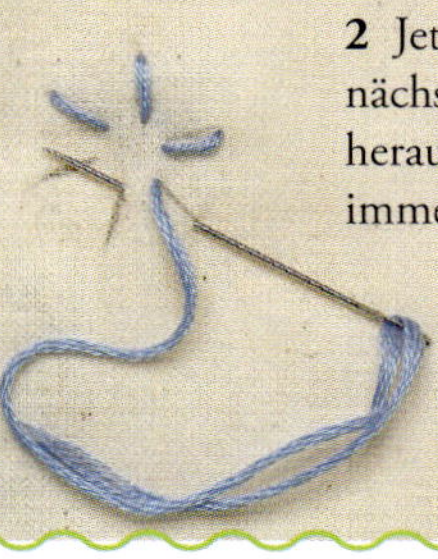

2 Jetzt am Anfang des nächsten Blütenblatts herauskommen – und immer so weiter.

Kettenstich

Dieser Stich eignet sich gut für Blätter und Blütenstiele. Vielleicht musst du ihn zuerst etwas üben.

1 Einen Knoten ins Fadenende binden. Am Anfang der Kette herauskommen.

2 Gleich neben dem Ausstich wieder einstechen.

3 Den Faden nicht durchziehen. Lass eine Schlaufe hängen.

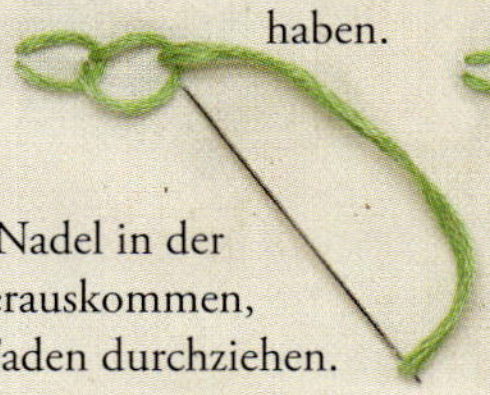

4 Mit der Nadel in der Schlaufe herauskommen, dann den Faden durchziehen.

5 Schritte 1–4 wiederholen. Die Stiche sollten immer die gleiche Größe haben.

Übe den Kettenstich auch in gebogenen Linien.

Langettenstich

Ein Stich zum Einfassen von Kanten und zum Aufnähen kleiner Stoffteile auf größere.

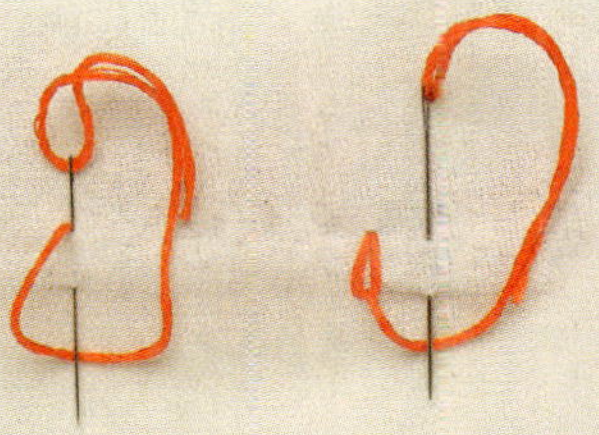

1 Einen Knoten ins Fadenende binden und zur Oberseite herausstechen.

2 Dicht neben dem Ausstich wieder einstechen. Den Faden unter die Nadel legen. Die Nadel nach unten durchziehen.

3 Ein Stück weiter rechts einstechen, den Faden unter die Nadel legen und die Nadel nach unten durchziehen.

4 Die nächsten Stiche in gleichmäßigen Abständen sticken.

Kreuzstich

Im Kreuzstich kannst du ganze Bilder sticken!

1 Zeichne die Kreuze dünn mit Bleistift auf den Stoff vor.

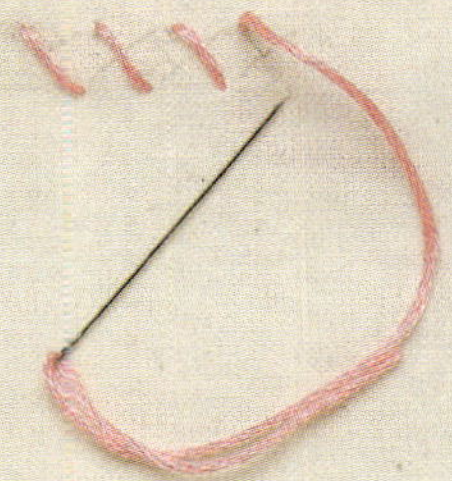

2 Zuerst stickst du nur schräge Stiche in einer Richtung …

.. und dann geht es in der anderen Richtung zurück.

Extratipp

Achte darauf, dass deine Stiche schön ordentlich und gleichmäßig werden.

Zum Schluss

Auf der Rückseite des Stoffs die Nadel unter dem letzten Stich durchschieben.

Den Faden durchziehen. Noch einmal wiederholen, dann abschneiden.

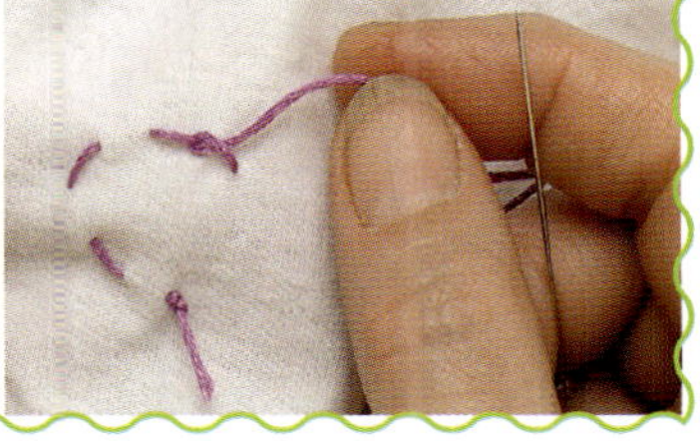

Stricken

Anschlagen und abketten

Ob du schon stricken kannst oder es ganz neu lernst, hier findest du viele nützliche Tipps und Tricks.

Anfangsschlinge

Die erste Masche auf der Nadel ist eigentlich ein Knoten.

Nimm ein Knäuel Garn und lege eine Schlaufe ins Ende.

Den Faden, der zum Knäuel führt, durch die Schlaufe schieben.

Diese neue Schlinge weiter durchziehen.

Die neue Schlinge auf die Stricknadel legen.

Die Schlinge zuziehen, fertig ist die erste Masche.

Anschlagen

Wir benutzen den Daumen, um Maschen anzuschlagen.

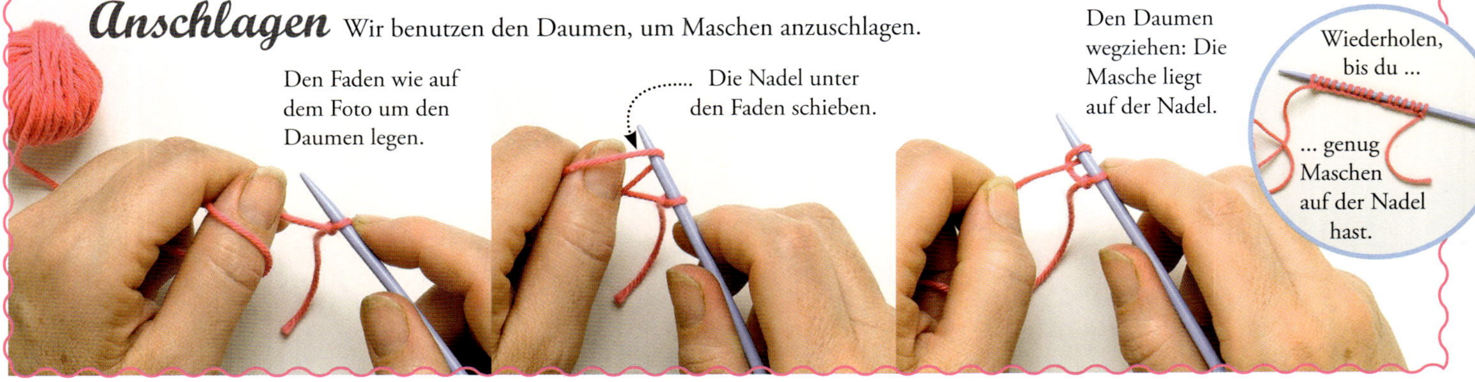

Den Faden wie auf dem Foto um den Daumen legen.

Die Nadel unter den Faden schieben.

Den Daumen wegziehen: Die Masche liegt auf der Nadel.

Wiederholen, bis du … … genug Maschen auf der Nadel hast.

Ein neuer Faden

Wichtig für Streifen oder um ein neues Knäuel anzufangen.

1 Den neuen Faden locker an den alten Faden knoten.

2 Den Knoten zur rechten Nadel schieben.

3 Und ganz normal weiterstricken.

Eine neue Farbe

Hier siehst du die Rückseite des Strickzeugs. Den neuen Faden anknoten (siehe links) und die beiden kurzen Enden beim Stricken einfach mit durch die nächsten Maschen holen.

Wie viele?

Bei allen Anleitungen in diesem Buch ist angegeben, wie viele Maschen du anschlagen musst. Je mehr Maschen es sind, desto breiter wird dein gestricktes Stück.

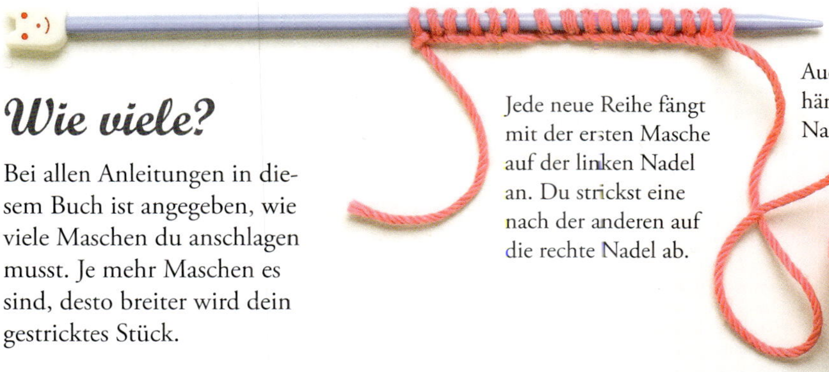

Jede neue Reihe fängt mit der ersten Masche auf der linken Nadel an. Du strickst eine nach der anderen auf die rechte Nadel ab.

Auch das Knäuel hängt an der rechten Nadel.

Es geht los

Schlage so viele Maschen an, wie in der Anleitung angegeben sind. Nimm dann die Nadel mit den Maschen in die linke Hand und die leere Nadel in die rechte.

Abketten

1 Die ersten beiden Maschen der Reihe stricken.

2 Mit der linken Nadel in die zuerst gestrickte Masche einstechen.

3 Die erste Masche über die zweite und über die Spitze der rechten Nadel ziehen.

4 Eine Masche stricken, dann Schritt 2 und 3 wiederholen ...

5 ... bis nur noch eine Masche übrig ist. Den Faden abschneiden.

6 Das Fadenende durch die Masche ziehen.

7 Die Masche zuziehen.

Fäden vernähen

Lose Enden am Anfang, am Ende und beim Farbwechsel werden vernäht. Das sieht ordentlicher aus.

Fadenenden bei Streifen in verschiedenen Farben werden so vernäht.

Den Faden in eine Sticknadel ohne Spitze einfädeln.

Den Faden durch die Maschen am Rand ziehen.

Nadel durchziehen, Faden abschneiden.

So vernähst du die Fäden am Anfang und Ende eines Strickstücks.

Den Faden in eine Sticknadel ohne Spitze einfädeln, durch die Maschen am Rand ziehen.

Nadel durchziehen, Faden abschneiden.

Rechte Maschen

Rechte Maschen sind einfach zu stricken – aber man braucht sie für viele verschiedene Zwecke. Die Teddys auf S. 20 werden nur mit rechten Maschen gestrickt.

Methode 1

1 Halte Nadeln und Garn wie auf dem Foto.

Den Faden nach hinten legen.

Die rechte Nadel in die Masche einstechen.

2 Den Faden von rechts nach links unter die rechte Nadel legen.

Methode 2

So wird am häufigsten gestrickt – und so stricken auch Linkshänder gern

1 Den Faden um die Finger der linken Hand legen.

2 Den Faden mit dem Zeigefinger führen.

Die Nadel in die Masche stecken.

Wenn du in Hin- und Rückreihen immer linke Maschen strickst, entsteht dasselbe Muster.

Kraus rechts

Dies ist keine Maschenart, sondern ein Muster. Es entsteht, wenn man in Hin- und Rückreihen immer nur rechte Maschen strickt. Das knubbelige Muster sieht auf beiden Seiten gleich aus.

3 Den Faden stramm ziehen, die Nadel von hinten nach vorn bewegen.

4 Nun liegt die rechte Nadel vor der linken. Den Faden hat sie mitgenommen.

5 Schiebe die vordere Nadel nach rechts. Die neue Masche liegt auf der rechten Nadel.

Wieder bei Schritt 1 anfangen.

3 Den Faden von unten um die Nadel legen.

4 Die Nadel mit der Fadenschlaufe nach vorn holen.

5 Die rechte Nadel mit der neuen Masche nach rechts von der linken Nadel ziehen.

Wieder bei Schritt 1 anfangen.

Linke Maschen

Hier stichst du von rechts nach links in die Masche ein.

Der Faden liegt vor der Arbeit.

Von rechts einstechen! Wenn du linke Maschen strickst, stichst du von rechts nach links in die Masche auf der linken Nadel ein. Viele Strickmuster bestehen nur aus rechten und linken Maschen.

Methode 1

1 Halte dein Strickzeug so wie auf dem Foto.

Lege den Faden nach vorn.

Stich mit der linken Nadel von rechts in die erste Masche ein.

2 Den Faden zwischen die Nadeln legen ...

3 ... und von rechts nach links um die Nadel legen.

Methode 2

Diese Methode wird am häufigsten verwendet. Auch Linkshänder kommen damit gut zurecht.

1 Mit der rechten Nadel von rechts in die erste Masche einstechen.

Halte deine Strickarbeit in der linken Hand. Der Faden zeigt in deine Richtung.

2 Den Faden von vorn um die Nadel legen ...

3 ... und noch mal um die Nadel wickeln.

Links + rechts = glatt rechts

GLATT RECHTS ist auch keine Maschenart, sondern ein Muster. Es entsteht, wenn du abwechselnd eine Reihe rechte Maschen und eine Reihe linke Maschen strickst. Die Vorderseite des Musters ist glatt, die Rückseite sieht knubbelig aus.

4 Den Faden stramm ziehen, die Nadel von vorn nach hinten bewegen.

5 Dabei nimmt sie den Faden mit.

6 Jetzt kannst du die neue Masche von der linken Nadel gleiten lassen.

4 Die rechte Nadel mit dem Faden von vorn nach hinten bewegen.

5 Die Masche von der linken Nadel gleiten lassen.

6 Für die nächste Masche fängst du wieder bei Schritt 1 an.

Hundefreunde

Gewusst wie ...

PAPIER-SCHNITTMUSTER VORBEREITEN

Lege Transparentpapier auf die Seite und pause die Umrisse durch. Schneide die Formen aus dem Papier aus und stecke sie auf deinen Stoff. Sieh auch auf S. 40 nach.

Extratipp

Die Vorlagen auf diesen Seiten kannst du einfach mit einem Kopierer oder Scanner vergrößern oder verkleinern.

Märchen-Pony

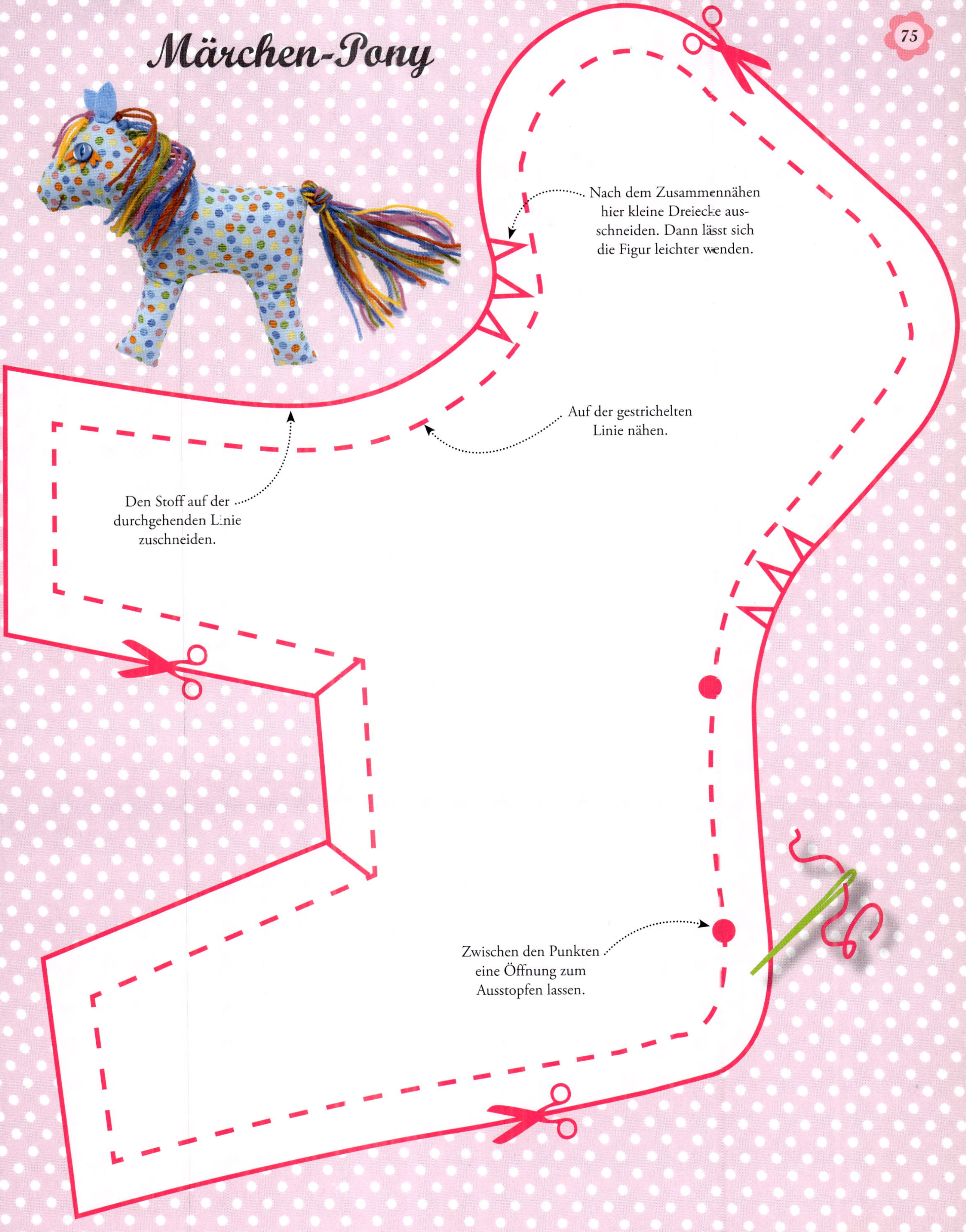

Eulen-Mobile

Gewusst wie ...

PAPIER-SCHNITTMUSTER VORBEREITEN

Lege Transparentpapier auf die Seite und pause die Umrisse durch. Schneide die Formen aus dem Papier aus und stecke sie auf deinen Stoff. Sieh auch auf S. 40 nach.

Stickrahmen

Der Stickrahmen muss so groß sein, dass die Eule frei darin hängt.

Extratipp

Die Vorlagen auf diesen Seiten kannst du einfach mit einem Kopierer oder Scanner vergrößern oder verkleinern.

Zwischen den Punkten eine Öffnung zum Ausstopfen lassen.

Falten.

Schwanz

Schnörkelfant

Den Stoff auf der durchgehenden Linie zuschneiden.

Auf der gestrichelten Linie nähen.

Ohren

Der Stoff liegt doppelt.

Den Stoff auf dieser Linie falten.

Geniale Giraffen

Den Stoff auf dieser Linie falten.

Schwanz

Auf der gestrichelten Linie nähen.

Auf der durchgehenden Linie den Stoff zuschneiden.

Gewusst wie ...

SCHNITTMUSTER AUS DEN VORLAGEN MACHEN
Transparentpapier auf die Buchseite legen und die Formen durchpausen. Die Formen aus dem Papier ausschneiden und auf den Stoff stecken. Sieh auch auf S. 40 nach!

Beine 2-mal

Der Stoff liegt doppelt.

Zwischen den Punkten eine Öffnung zum Ausstopfen lassen.

Extratipp

Mit einem Kopierer oder Scanner kannst du deine Vorlagen ganz einfach vergrößern oder verkleinern.